AF175768

Impressum
Verlag: BABADADA GmbH, Nedderfeld 112 , 22529 Hamburg
Geschäftsführer / Verlagsleitung: Harald Hof
Druck: Books on Demand GmbH, In de Tarpen 42, 22848 Norderstedt

Imprint
Publisher: BABADADA GmbH, Nedderfeld 112 , 22529 Hamburg, Germany
Managing Director / Publishing direction: Harald Hof
Print: Books on Demand GmbH, In de Tarpen 42, 22848 Norderstedt, Germany

ቤት-ትምህርቲ

ښوونځی

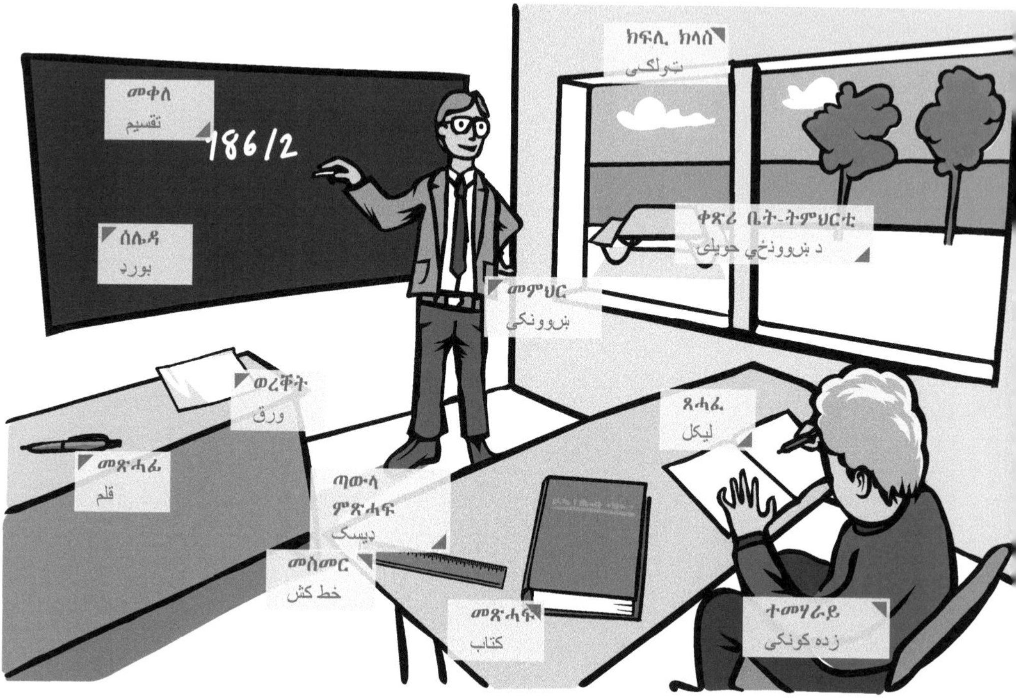
ክፍሊ ክላስ
ټولګی
መቀለ
تقسیم
186/2
ሰሌዳ
بورډ
ቀጽሪ ቤት-ትምህርቲ
د ښوونځي حویلی
መምህር
ښوونکی
ወረቐት
ورق
ጸሓፊ
لیکل
መጽሓፊ
قلم
ጣውላ ምጽሓፍ
ډیسک
መስመር
خط کش
መጽሓፍ
کتاب
ተመሃራይ
زده کونکی

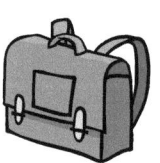

ሳንጣ ትምህርቲ
....
کڅوړه

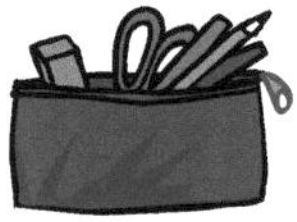

ሰፈር ብርዒ
....
د پنسل بکسه

ርሳስ
....
پنسل

መብልሒ ርሳስ
....
پنسل تراش

መደምሰሲ
....
ربړ

ጥራዝ ስእሊ
....
د رسامی پاڼه

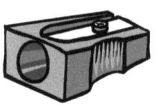

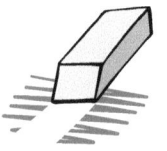

ስእሊ

....

رسامي

ብርዒ ቀለም

....

د نقاشی برس

ቦክስ ቀለም

....

د نقاشی بکس

መቐስ

....

قیچي

መጣበቒ

....

سریښ

ጥራዝ መላመዲ

....

د تمرین کتاب

ዕዮ ገዛ

....

کورنۍ دنده

ቁጽሪ

....

شمیر

ወሰኽ

....

جمع

ጎደለ

....

منفي

ረብሐ

....

ضرب

ደመረ

....

حساب

A

ፊደል

....

توری

ABCDEFG
HIJKLMN
OPQRSTU
VWXYZ

ስርዓት ፊደላት

....

الفبا

hello

ቃል

....

کلمه

ጽሑፍ
....
متن

ኣንበበ
....
لوستل

ኩርሽ
....
تباشير

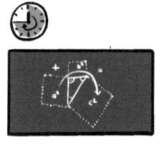

ሰዓት
....
درس

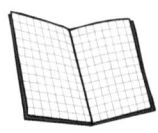

መዝገብ ክላስ
....
راجستر

መርመራ
....
ازموینه

ሰርቲፊኬት
....
تصديق پاڼه

ድቢዛ ቤትትምህርቲ
....
د ښوونځي يونيفارم

ትምህርቲ
....
تعليم

ለክሲኮን
....
دايره المعارف

ዩኒቨርሲቲ
....
پوهنتون

ሚክሮስኮፕ
....
مايکروسکوپ

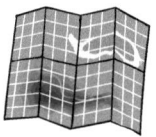

ካርታ
....
نقشه

ጎሓፍ ወረቐት
....
اشغالدانۍ

መገሻ
سفر

መቐበሊ ኣጋይሽ
Grand
ሆስተል
ليليه
ROOMS
ቦታ ቅያር ገንዘብ
د اسعارو د تبادلې دفتر
EXCHANGE
ባሊጃ
بکس
መኪና
موټر

ቋንቋ

ژبه

እወ / ኖ

هو/نه

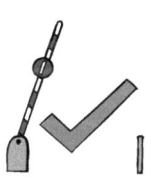

ሕራይ

سمه ده

ሰላም

سلام

ኣስተርጓሚ

ژباړونکی

የቐንየለይ

مننه

. . . ክንደይ ዋግኡ?

....

څومره دي...؟

ኣይተረድኣኹን

....

زه نه پوهیږم

ሽግር

....

ستونزه

ሰላም ምሸት!

....

ماښام مو پخير!

ከመይ ሓዲርካ

....

سهار په خير!

ሰላም ለይቲ

....

شپه په خير!

ደሓን ኩን

....

په مخه مو ښه

ኣንፈት

....

لاربښود

ጉዓዝ

....

سامان

ሳንጣ

....

بیک

ሳንጣ ሕቖ

....

شاتنی بکس

ጋሻ

....

میلمه

ክፍሊ

....

خونه

ክሻ መደቀሲ

....

د خوب کڅوړه

ቴንዳ

....

خیمه

ሓበሬታ በጸሕቲ ሃገር

....

د توریزم معلومات

ገምገም ባሕሪ

....

ساحل

ክረዲት ካርድ

....

کریډیټ کارت

ቁርሲ

....

ناری

ምሳሕ

....

د غرمې خواړه

ድራር

....

د شپې خواړه

ቲከት

....

ټیکټ

ሊፍት

....

لفټ

ማሕተም ደብዳበ

....

مهر

ዶብ

....

پوله

ድጓና

....

ګمرک

ኣምበሲ

....

سفارت

ቪዛ

....

ویزه

ፓስፖርት

....

پاسپورټ

መጓዓዝያ

ټرانسپورټ

ነፋሪት
الوتکه
መርከብ
መኪና መጥፋኢ ሓዊ
د اور ماشین
ኣውቶቡስ
بس
ናይ ጽዕነት መኪና
ټرک
ጃልባ ሞቶር
موټرکښتۍ
ብሽግለታ
بایک
መኪና
موټر

ፈሪ

....

کښتۍ

ጃልባ

....

کښتۍ

ሞቶ

....

موټرسایکل

መኪና ፖሊስ

....

د پولیسو موټر

መኪና ቅድድም

....

د ریس موټر

ክራይ መኪና

....

کرايي موټر

ምውፋይ መካይን

....

د کرایه موټرې

መወሰዲ መኪና

....

جرثقیل لرونکی ټرک

መኪና ጎሓፍ

....

ریفیوز ټرک

ሞቶር

....

موټر

ነዳዲ

....

سونګ توکي

እንዳ ነዳዲ

....

پټرول سټیشن

ምልክት ትራፊክ

....

ترافیکي نښه

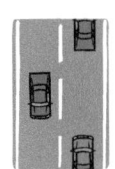

ትራፊክ

....

ترافیک

ምጭቕጫቕ ትራፊክ

....

جام ترافیک

መዕሸጊ መኪና

....

د موټرو تمځای

መዕረፊ ባቡር

....

د ریل سټیشن

ሓዲግ

....

پټکي

ባቡር

....

ریل

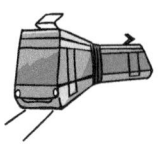

ትረም

....

ټرام

ባጎኒ

....

واګون

ሄሊኮፕተር

....

چورلکه

መዓረፎ ነፈርቲ

....

هوايي ډګر

ታወር

....

برج

ተጐዓዚ

....

مسافر

ኮንተይነር

....

کانټېنر

ሳንዱቕ ካርቶን

....

کارتون

ኮርሳ ጽዕነት

....

کارټ

ዘንቢል

....

ټوکرۍ

ተበገሰ / ዓለበ

....

الوتنه کول/کښېناستل

ከተማ

ښار

ቍሸት

....

کلی

ማእከል ከተማ

....

د ښار مرکز

ገዛ

....

کور

ሲነማ
سینما

ረክላም
اعلان

መብራህቲ ጎደና
د کوڅې لامپ

CINEMA

ጽርግያ
کوڅه

ታክሲ
ټیکسي

ባንኮ
د خوارو پلورنځی

እግረኛ
پیاده

መንገዲ አጋር
پلي لاره

መራኸቢ
د تیریدو لاره

ምልክት ዘብሪ
د سرک څخه تیریدو لاره

ሰፈር ጎሓፍ
اشغالدانی (لوی)

ሴማፎር
د ترافیک څراغونه

አጉዶ
کودله

አፓርትመንት
اپارتمان

መዕረፊ ባቡር
د ریل سټیشن

ቤት ምምሕዳር
ټاون هال

ቤተ መዘክር
میوزیم

ቤት-ትምህርቲ
ښوونځی

ዩኒቨርሲቲ

....

پوهنتون

ባንክ

....

بانک

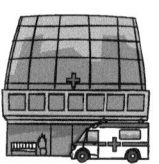

ሆስፒታል

....

روغتون

መቐበሊ ኣጋይሽ

....

هوټل

ቤት መድሃኒት

....

درملتون

ቤት ጽሕፈት

....

دفتر

ዱኳን መጽሓፍቲ

....

کتاب پلورنځی

ዱኳን

....

پلورنځی

ዱኳን ዕንባባ

....

د ګلانو پلورنځی

ሱፐርማርከት

....

لوی پلورنځی

ዕዳጋ

....

مارکیټ

ሹቕ

....

د دیپارټمنټ سټور

ነጋዳይ ዓሳ

....

کب پلورنځی

ሹቕ

....

د پلور مرکز

መርሳ

....

لنګرتون

መዘናግዒ

پارک

ባንኪ

بېنچ

ድልድል

پل

መደያይቦ

زینه

ባቡር ትሕቲ ምድሪ

د ځمکي لاندي

ቢንቶ

تونل

መዕረፊ ኣውቶቡስ

بس تمځای

ቤት መስተ

بار

ቤት-መግቢ

ریستورانټ

ሰታሪት

پوست بکس

ታቤላ

د کوڅې نښه

ሰዓት ፓርኪንግ

د پارک کولو میټر

መካነ እንስሳታት

ژوبڼ

መሓምበሲ

د لامبو حوض

መስጊድ

مسجد

ቤት ሕርሻ

کرونده

ብከላ

ناپاکي

መቓበር

هدیره

ቤተክርስትያን

چرچ

ቦታ ምጽዋት

د لوبو ډګر

ቤት መቕደስ

معبد/کلیسا

ስእሊ መሬት

منظره

መሕበሪ መገዲ
د لارښووني نښه
መገዲ
لاره
چمن
እምኒ
هیکر
ኣግራብ
ونه
ፈለግ
سیند
واښه
ዕንባባ
ګل

ስንጭሮ

دره

ጎቦ

غوندی

ቀላይ

ناور

ዱር

ځنګل

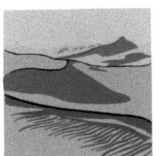

ምድረ በዳ

دشته

እሳተ-ጎመራ

اورشیندی

ግምቢ

کلا

ቀስተ-ደመና

رنګین کمان

ቃንጥሻ

مرخیري

ዓርኮብኮባይ

پلم ونه

ጣንጡ

ماشي

ሃመማ

الوتل

ጻጸ

میږی

ንህቢ

مچی

ሳሬት

غونډا/جولا

ሕንዚዝ

....

کـونکـت

ዕንቅርዖብ

....

چونکـښـه

ምጽጺላይ

....

نولی

ቅንፍዝ

....

زیږکی

ማንቲለ

....

سوی

ጉንጓ

....

کـونک

ጭሩ

....

مرغی

ስዋን

....

قازه

መፍለስ

....

نرخوک

ዓጋዘን

....

هوسی

ሙስ

....

کـاوزه

ግድብ

....

بند

ተርባይን ንፋስ

....

بادي توربين

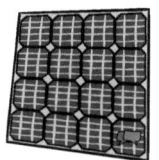

ሶላር ስርሓት

....

سولر تختي

ኩነታት ኣየር

....

اقليم

ስእሊ መሬት - منظره

پیشخدمت
ካርታ መግብታት
مینو
መንበር
چوکی
መረቕ
سوپ
ፒትሳ
پیزا
ښاخې، چاقو، کاشوغه
ክዳን ጣውላ

ቅድመ ቀንዲ መግቢ

ستارټر

ቀንዲ መኣዲ

اصلي خواړه

ድሕረ መግቢ

شیرني

መስተ

څښاک

መግቢ

خواړه

ጥርሙዝ

بوتل

ስሉጥ መግቢ

....

فاسټ فوډ

መግቢ ጽርግያ

....

د کوڅې خواړه

ብርጭቆ ሻሂ

....

چای جوش

ታኒካ ሽኮር

....

قندانی

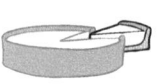

ክፋል

....

برخه

ማሺን ኤስፕረሶ

....

اسپرسو مشین

ነዊሕ መንበር

....

لوړه چوکی

ጸብጻብ

....

رسید

ታብለት

....

مجمه

ካራ

....

چاکو

ፋርከታ

....

پنجه

ማንካ

....

قاشق

ማንካ ሻሂ

....

چای قاشق

ሰርቬየተ

....

سورویت

ብኬሪ

....

ګلاس

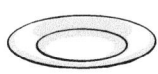

ሸሓኒ

پلیټ

ሸሓኒ መረቕ

د سوپ پلیټ

ትሕቲ ኩባያ

نالبکۍ

ጸብሒ

ساس

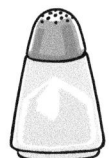

ወሃቢ ጨው

مالګه شیندونکی

መጥሓን በርበረ

د مرچ ټکولو لوخی

ኣቸቶ

سرکه

ዘይቲ

غوړي

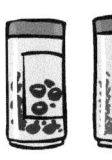

ቀመም

مساله

ከቹፕ

کچ اپ

ኣድሪ

شړشم

ማዩኒዝ

چکه

ሱፐርማርክት

لوی پلورنځی

ወፈያ
ځانګړی وړاندیز
FOR
ዓሚል
پیرودونکی
ፍርያታት ጸባ
لبنیات
ፍረታት
میوه
لاسي ګړخ

እንዳ ስጋ
....
قصابي

እንዳ ባኒ
....
نانوايي

ክብደት
....
وزن کول

ኣሕምልቲ
....
سبزیجات

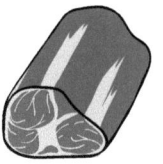

ስጋ
....
غوښه

መግቢ ፍሪጅ በረድ
....
کنګل خواړه

ዝሑል ቅሩብ መግቢ
....
يخه غوښه

እስቃጥላ
....
کنسروا خواړه

ኣሞ
....
د مينځلو پوډر

ምቁር መግቢ
....
شيريني

ዘቤታውያን ኣቕሑ
....
کورني توليدات

ናውቲ መጸረዪ
....
د پاکولو محصولات

ሸቃጣይ
....
د پلور فرد

ካሳ
....
د نغدي راجستر

ተሓዚ ገንዘብ
....
صراف

ዝርዝር ምግዛእ
....
د پيرود ليست

ክፉት ሰዓታት
....
کاري ساعتونه

ማሕፉዳ
....
بټوه

ክረዲት ካርድ
....
کريډيټ کارت

ሳንጣ
....
کڅوړه

ፌስታል
....
پلاستيک کڅوړه

መስተ

څښاک

ማይ

....

اوبه

ጽማቕ

....

جوس

ጸባ

....

شیده

ኮላ

....

کوک

ነቢት

....

واین

ቢራ

....

بیر

ኣልኮል

....

الکول

ካካው

....

ککاو

ሻሂ

....

چای

ቡን

....

کافي

ኤስፕረሶ

....

اسپرسو

ካፑቺኖ

....

کپچینو

ባናና

....

کیله

ቱፋሕ

....

مڼه

ኣራንሺ

....

نارنج

ብርጭቕ

....

هندواڼه

ለሚን

....

لیمو

ካሮት

....

گازره

ጻዕዳ ሽጉርቲ

....

هوږه

ባምቡስ

....

بانکس

ሽጉርቲ

....

پیاز

ቅንጥሻ

....

مرخیړي

ፉል

....

چغزی

ፓስታ

....

آش

ስፓገቲ

سپيګټي

ሩዝ

وريجي

ሰላጣ

سلاد

ቅልዋ ድንሽ

چپس

ቅሉው ድንሽ

سره کړي کچالو

ፒትሳ

پيزا

ሃምቡርገር

همبرګر

ፓኒኖ

ساندويچ

ቢስተካ

کتره

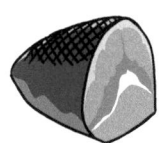

ሰለፍ ሓሰማ

د پتون غوښه

ሳላሚ

سلمي

ግዕዝም

ساسچ

ደርሆ

چرګ

ቀለወ

روسټ

ዓሳ

کب

ገዓት
....
د وربشي شيرني

ሙስሊ
....
موسلي

ኮርንፍለይክስ
....
د جوار پلی

ሓርጭ
....
اوړه

ክሮሶን
....
كروسانت

ባኒ
....
د ډوډی رول

ባኒ
....
ډوډی

ቶስት
....
ټوسټ

ብሽኮቲ
....
بسکیټ

ጠስሚ
....
کوچ

ርግኦ
....
چکه

ፓስተ
....
کیک

እንቋቑሖ
....
هګۍ

ቅሉው እንቋቑሖ
....
پښي هګۍ

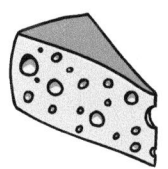

ፋርማጆ
....
پنیر

አይስ ክሪም

....

آیس کریم

ሽኮር

....

بوره

መዓር

....

شَهد

ጃም

....

مربا

ኑጋት-ክሪም

....

نوگات کریم

ኩሪ

....

کورکمان

ቤት ሕርሻ
د کروندې خونه
ሓሰር ቦንዳ
መኽዘን
غوجل
ግራት
ፈረስ
اس
ተስሓቢ
لاس ګاډی
ትራክተር
ዒሉ
کوچنی اس
خر
በጊዕ
پسه
ዕየት
وری

ጤል

وزه

ብዕራይ

غوا

ምራኽ

خوسکی

ሓሰማ

خوګ

ውላድ ሓሰማ

د خوګ بچی

ኣርሓ

غويي

ቤት ሕርሻ - کرونده

ዓዓ

بته

ማይ ደርሆ

هیلۍ

ጫቑት

چرګوړی

ደርሆ

چرګه

ኣርሓ ደርሆ

بانکي

ኣንጬዋ ዓባይ

سارای موږک

ድሙ

پیشک

ኣንጭዋ

موږک

ብዕራይ

غویی

ከልቢ

سپی

ኣጉዶ ከልቢ

د سپي خونه

ቱባ ጀርዲን

د باغ هوز

መዝፈፊ ማይ

د اوبو لوخی

ዓቢ ማዕጺድ

لور (داس)

ማሕረሻ

یوی

ማዕጺድ

....

لور

ጭኽሮ

....

رمبی

መስአ

....

ښاخی

ፋስ

....

تبر

ዓረብያ ኢድ

....

کراچی

ጋብላ

....

ناوه

ብርጭቆ ጸባ

....

د شیدو لوخی

ክሻ

....

جوال

ሓጹር

....

کټاره

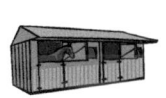

መንሰስ

....

مضبوط

ቆጠልያ ገዛ

....

شنه خونه

ባይታ

....

خاوره

ዘርኢ

....

تخم

ድኹዒ

....

سره/کود

ዘጣምር ቀውዓይ

....

ګډ ریبونکی ماشین

ቀውዐ

زیرمه کول

ጻማ

درمند

ድንሽ ያም

خوارږه کچالو

ስርናይ

غنم

ሶያ

سویا

ድንሽ

کچالو

ዕፉን

جوار

ራፕስ

نباتي تخم

ገረብ ፍረታት

د میوې ونه

ማኒኦክ

مانیوک

ኣእኻል

غله

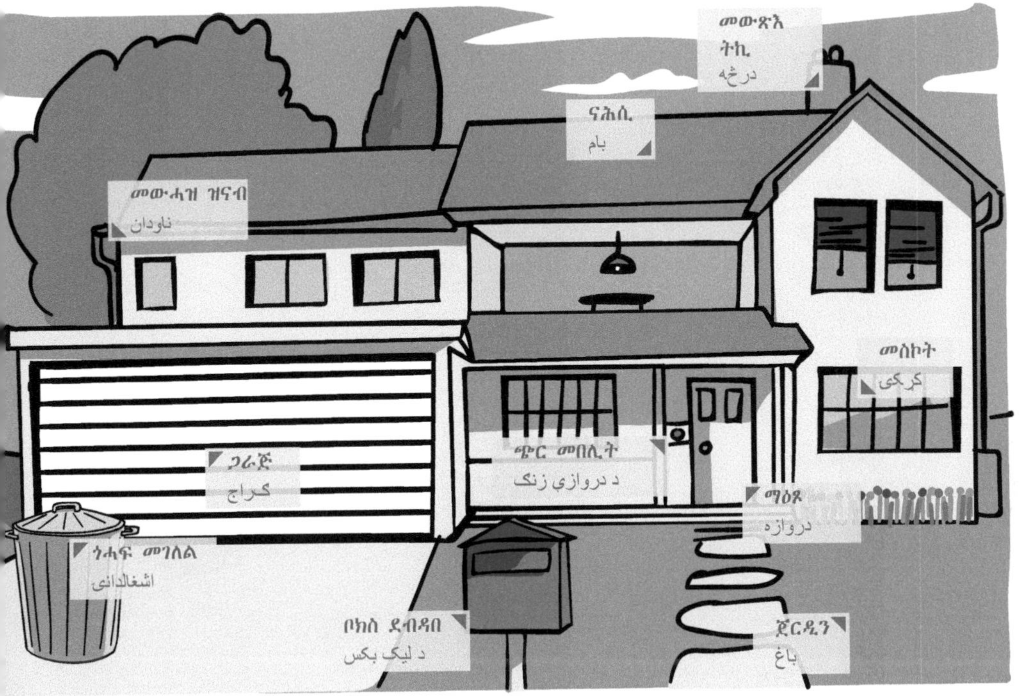

መውጽእ ትኪ
ናሕሲ
بام
መውሓዝ ዝናብ
ناودان
መስኮት
ጭር መበሊት
د دروازې زنګ
ጋራጅ
ማዕጾ
دروازه
ጎሓፍ መገለል
اشغالدانۍ
ቦክስ ደብዳበ
د لیک بکس
باغ

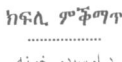

ክፍሊ ምቕማጥ
د اوسیدو خونه

ክፍሊ ባንዮ
حمام

ክሽነ
پخلنځی

ክፍሊ መደቀሲ
د ویده کیدو خونه

ክፍሊ ቆልዑ
د ماشوم خونه

መመገቢ ክፍሊ
د خوړو خونه

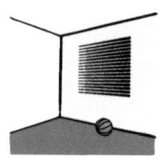

ባይታ

فرش

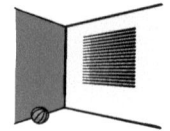

መንደቕ

دیوال

ከቦርታ

چت

ካንቲና

زیرخانه

ሳውና

سونا

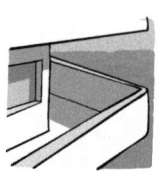

ባልኮን

بالکوني

ዛላ

ټراس

መሕምበሲ

حوض

መቑረጺ ሳዕሪ

د چمن وهلو ماشین

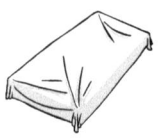

ኣንሶላ ዓራት

شیټ

ከቦርታ ዓራት

روجایی

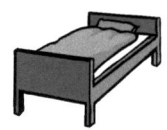

ዓራት

تخت

መኾስተር

جارو

መገለል

بوکه

መወልዒት

سویچ

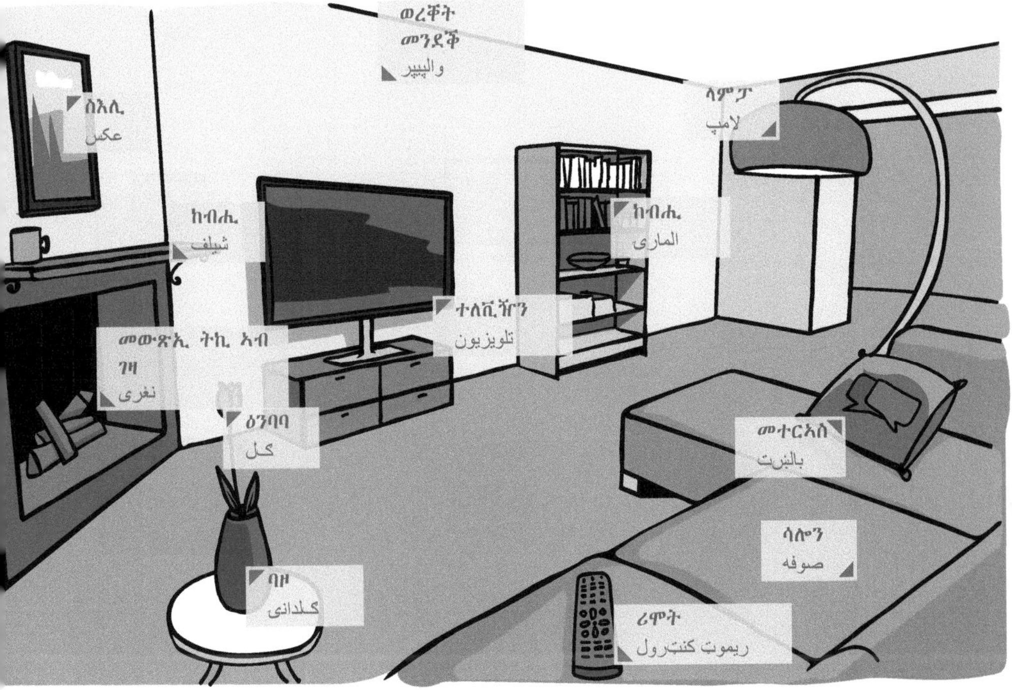

ወረቐት መንደቕ
والپیپر

ስእሊ
عکس

ላምፓ
لامپ

ከብሒ
شیلف

ከብሒ
الماری

መውጽኢ ትኪ አብ ገዛ
نغری

ተለቪዥን
تلویزیون

ዕንባባ
کل

መተርአስ
بالښت

ባዞ
کلدانی

ላሶን
صوفه

ሪሞት
ریموت کنترول

መንጻፍ

غالی

መጋረጃ

پرده

ጣውላ

میز

መንበር

چوکی

ሰለል ዝብል መንበር

تاویدونکي چوکی

መንበር ምቹእ

بازو لرونکي چوکی

መጽሓፍ

....

کتاب

ከቦርታ

....

کمپل

ስልማት

....

ډیکوریشن

እንጨይቲ ሓዊ

....

د اور لرګي

ፊልም

....

فلم

ስተረዮ

....

هاي‌فای

መፍትሕ

....

کلي

ጋዜጣ

....

ورځپاڼه

ቕብኣ

....

نقاشي

ፖስተር

....

پوسټر

ረድዮ

....

راډيو

ጥራዝ

....

کتابچه

መልገሲ ደሮና

....

واکیوم جارو

በለስ

....

کاکتوس

ሽምዓ

....

شمع

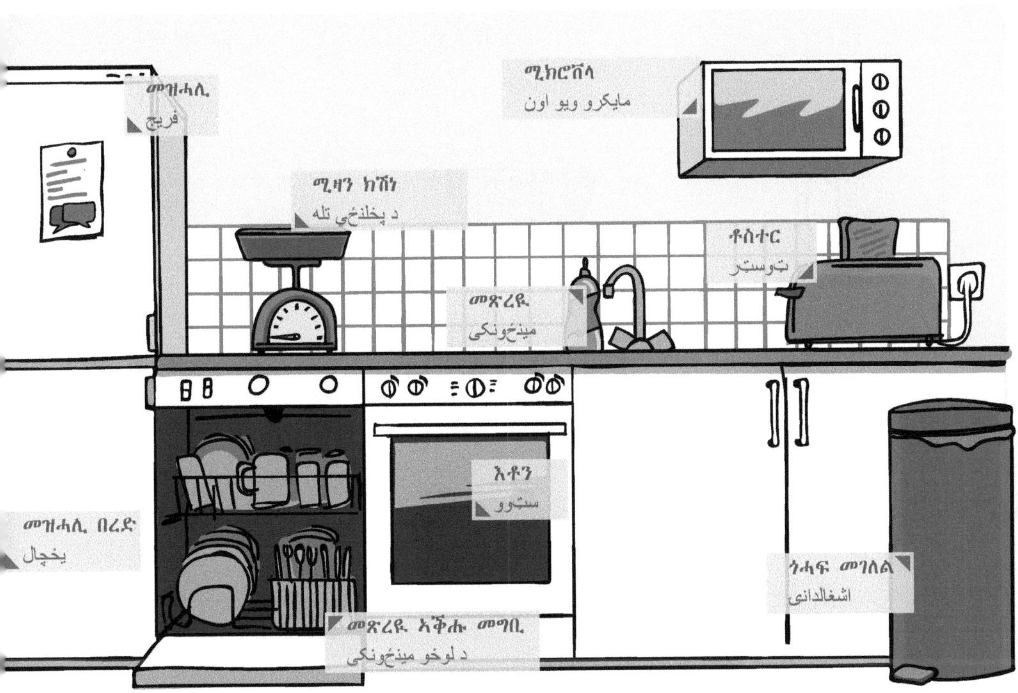
መዝሓሊ
فریج
ሚክሮቨላ
مایکرو ویو اون
ሚዛን ክሽነ
د پخلنځي تله
ቶስተር
ټوسټر
መጽረዪ
مینځونکی
እቶን
سټوو
መዝሓሊ በረድ
یخچال
ጎሓፍ መገለል
اشغالدانی
መጽረዪ ኣቕሑ መግቢ
د لوخو مینځونکی

መኸሸኒ
....
دیگ بخار

ድስቲ
....
لوخی

ድስቲ ሓጺን
....
چدني لوخی

ሾክ/ካዳይ
....
ووک

ባደላ
....
د تلي په

መውዓዪ ማይ
....
چای جوش

መፍልሒ

د بخار دیګ

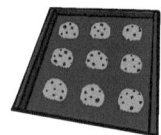

ጓንቴራ ምስንካት

پتنوس

ኣቕሑ መግቢ

لوخي

ብርጭቆ

مګ

ጭሖሎ

کاسه

ማንካቺና

د رانیولو اوزار

ማንካ መረቕ

څمڅۍ

መገልበጢ ባደላ

کفګیر

መኾስተር ውርጪ

پاکونکی

መንፊት መግቢ

صافي

መንፊት

غلبیل

መፋሕፍሒ

ګریټر

ሞርታር

اونګ

ባርቢክዩ

بار بي کیو

ስፍራ ሓዊ

خلاص اور

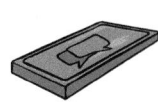

እንጨይቲ ምምታር

تخته

እንጨይቲ ኰረር

هوارونکی

መኽፈት ቡሽ

کارک سکریو

ታኒካ

ټیم

መኽፈቲ ታኒካ

د ټیم خلاصونکی

ጨርቂ ድስቲ

د لوخي ټوټه

ቡምባ

ظرف شوی

ኣስባስላ

برس

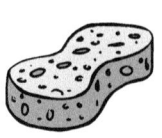

ሰፍነግ

سپنج

ሓዋሲ ኣደባላቒ

بلینډر

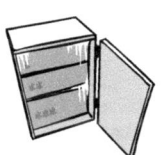

መዝሓሊ በረድ

ژور یخچال

ጥርሙዝ ማማይ

د ماشوم بوتل

ቡምባ ማይ

نل

መውዓዪ
تودول

ሽጓማዋ
جان پاک

መሕጸቢ ሻወር
شاور

ሻወር መጋረጃ
د شاور پرده

መሕጸቢ ዓፍራ
بیل حمام

ባንዮ መሕጸቢ
د حمام نټب

ሓጸቢት
د مینخلو مشین

ማዶነላ
ټبایلونه

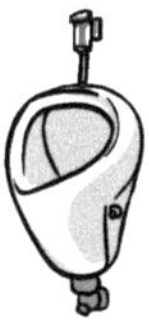

ብኬሪ
کلاس

ቡምባ ማይ
نل

ድስቲ
یو ډول کمود

ቡምባ
ظرف شوی

ሽቻቅ
تشناب

ሽቻቅ ኮፍ
فرشی کمود

በዱ
کمود

ሽቻቅ ተባዕታይ
د متیازو خای

ወረቐት ሽቻቅ
تشناب کاغذ

አስባስላ ሽቻቅ
د تشناب برس

ኣስባስላ ስኒ

....

د غاښونو برس

ክሬማ ስኒ

....

د غاښونو کریم

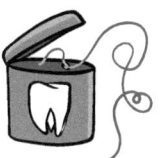

ሃሪ ስኒ

....

د غاښونو نخ

ሓጸበ

....

مينځل

ዱሽ ኢድ

....

لاسي شاور

ዱሽ

....

دوش

ብርጭቆ ምሕጻብ

....

خانک

ኣስባስላ ሕቖ

....

د شا برس

ሳምና

....

صابون

ሻወር ጀል

....

د شاور ژل

ሻምፑ

....

شامپو

ጨርቂ መሕጸቢ

....

فلانل جامه

መውሓዚ

....

وچول

ክሬማ

....

کریم

ደዮ ጨና

....

سپری

መስትያት
....
آینه

ናይ ኢድ መስትያት
....
لاسي آینه

መላጸ
....
ریزر

ዓፍራ ምልጻይ
....
د خریلو فوم

ጨና ድሕሪ ምልጻይ
....
د خریلو وروسته

መመሸጥ
....
ګمنځ

ኣስባስላ
....
برس

መንቐጺ ጸጉሪ
....
د ویښتانو وچونکی

ስፕረይ ጸጉሪ
....
د ویښتانو سپری

መመላኽዒ
....
میک اپ

ብርዒ ቀለም ከንፈር
....
لیپ سټیک

ኣዝማልቶ
....
د نوکانو پالش

ጸምሪ ጡጥ
....
کاټن وړی

መስደዲ ጽፍሪ
....
ناخن ګیر

ጨና
....
عطر

ሳንጣ መሕጸቢ

د مینځلو کڅوړه

ድኳ

سټول

ሚዛን

د وزن کولو تله

ክዳን መሕጸቢ

د حمام پوښاک

ጓንቲ መጸረዩ

د ربړ دستکش

ታምፖን

ټامپون

ጨርቂ ሰበይቲ

صحيي جان پاک

ሽቓቕ ከሚስትሪ

کیمیکل تشناب

ክፍሊ ቆልዑ

د ماشوم خونه

አላርም መተስኢ
د الارم ساعت
መጻወቲ እንስሳ
د لوبو وسایل
መጻወቲ መኪና
د نانځکي موټر
ኳሕኳሕ መበሊ
ریټل
ቤት ባምቡላ
د نانځکو خونه
ህያብ
ډالۍ

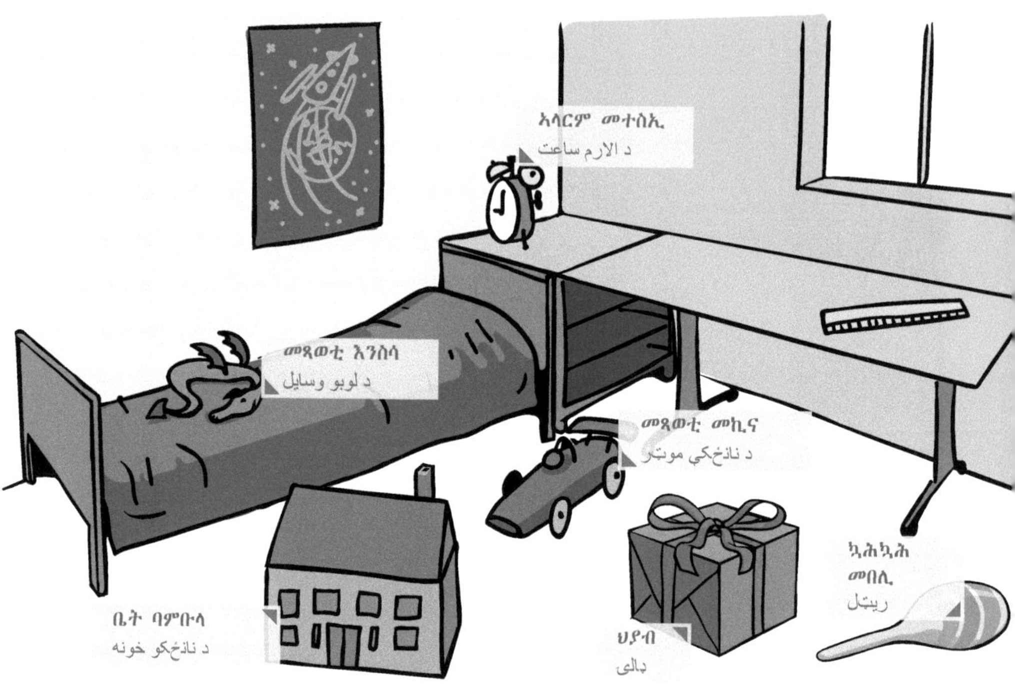

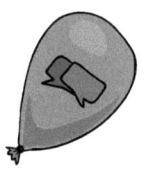

ባላንችና

بالون

ዓራት

تخت

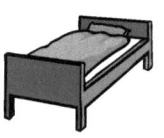

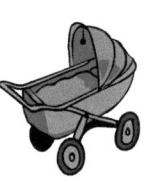

ሰረገላ ህጻን

کالسکه

ጸወታ ካርታ

د لوبو ورقې

ሕንቅሊተይ

جیګسا

SUPER MEGA

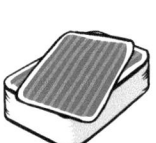

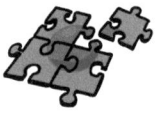

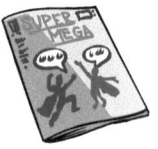

ኮሜዲ

مسخره

እምንታት መጻወቲ ለጎ
....
ليګو بريک

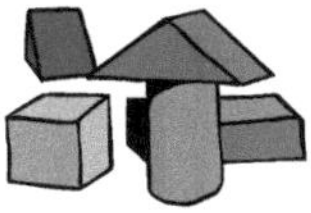

መጻወቲ እምንታት
....
د نانځکو بلاک

በዓል አክቾን
....
د اکشن فيګور

ክዳን ማማይ
....
د ماشوم پوښاک

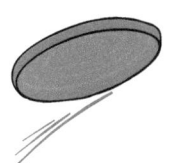

ፍሪስቢ
....
فريزبي

ሞባይል ማማይ
....
موبايل

ጸወታ ሰሌዳ
....
بورډ لوبه

ኩቦ
....
تاس

ሞደል ባቡር ምድሪ
....
ماډل ريل سيټ

ዓባስ
....
ګونګشی

ፓርቲ
....
پارټي

መጽሓፍ ስእሊ
....
د عکسونو البوم

ኩዕሶ
....
بال

ባምቡላ
....
نانځکه

ተጻወተ
....
لوبيدل

መጻወቲ ሑጻ

د شګو کنده

ሰላል

سوینګ

መጻወቲታት

ناڅکي

ኮንሶል ቪድዮ

د ویډیو لوبو کنسول

መጻወቲ ሰለስተ መንኮርኮር

ټرای سایکل

ተዲ

ګوډکه

ክብሒ ክዳን

د کالو الماری

ክዳን

پوښاک

ካልስታት

جرابې

ነዊሕ ካልስታት

لوړې جرابې

ስረ ካልሲ

ټایټس

ሻርባ

ጽላል

کمربند

ሸበጥ

سینډل

ጫማ

بوټان

ረፋዕ ጎማ

د ربړ بوټان

ሙታንታ

زیرنیکري

ክዳን ጡብ

سینه بند

ትሕተ ካሚቻ

واسکټ

ቦዲ

بادي

ስረ

پتلون

ጂንስ

جینز

ቀምሽ

لمن

ካምቻ

بلاوز

ካሚቻ

شرټ

ጉልፎ

بنیان

ጎልፎ

سویټر

ጃኬት

بلیزر

ጃከት

جاکټ

ጁባ

کوټ

ክዳን ዝናብ

د باران کوټ

ኮስቱም

پوښاک

ቀምሽ

کالي

ቀምሽ መርዓ

د واده پوښاک

ልብሲ

دريشي

ካሚቻ ለይቲ

د شپې پوښاک

ክዳን ለይቲ

پاجامه

ሳሪ

ساړي

መሃረብ ርእሲ

لوپټه

ቱርባን

پټکی

ቡርካ

برقه

ካፍታን

کفتن

ኣባያ

عبا

ክዳን መሕምበሲ

د لامبو پوښاک

ስረ መሕምበሲ

نيکر

ሓጺር ስረ

شارټ

ክዳን ታዕሊም

د ځغاستي پوښاک

በጃ ክዳን

پيش بند

ጓንቲ

دستکش

መልጎም

....

بټن

መነጽር

....

عینک

በንናጅር

....

لاس بند

ማዕተብ

....

غاړه کۍ

ቀለበት

....

ګوتمه

ኩትሻ

....

غوږوالۍ

ቆብዕ

....

خولۍ

መንበሪ ጁባ

....

کوټ بند

ባርነጣ

....

خولۍ

ካርራቫት

....

ټايي

ሻርነጣ

....

ځنځير

ሀልመት

....

هیلمیټ

መድልደል ስረ

....

ټړونکی

ድቢዛ ቤትትምህርቲ

....

د ښوونځي یونیفارم

ድቢዛ

....

یونیفارم

ሰደርያ ቆልዓ

بيب

ዓባስ

ګونګشی

ጨርቂ ማማይ

نيپي

ቤት ጽሕፈት

دفتر

ሰርቨር
سرور
ክብሒ ሰነድ
د دوسیه الماری
ፕሪንተር
پرينټر
ወረቐት
ورق
ሞኒቶር
ماوس
ጣውላ ምጽሓፍ
ኪቦርድ
کي بورډ
ጎሓፍ ወረቐት
اشغالدانی
ኮምፒተር
መንበር
چوکی

ብርጭቆ ቡን

د کافي پياله

ካልኩለተር

کالکوليټر

ኢንተርነት

انټرنيټ

ለፕቶፕ

....

لپ ټاپ

ደብዳበ

....

لیک

መልእኽቲ

....

پیغام

ሞባይል

....

موبایل

ነትወርክ/መርበብ

....

نیټورک

መቅድሒ ፎቶኮፒ

....

فوټوکاپیر

ሶፍትዌር

....

سافټویر

ተለፎን

....

تلیفون

ሶከት ኳረንቲ

....

پلک ساکټ

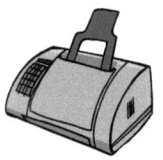

ፋክስ

....

فکس مشین

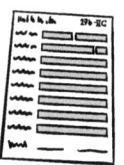

ፎርም

....

فارم

ሰነድ

....

سند

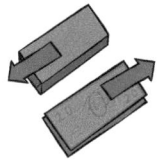

ቍጠባ

اقتصاد

ገዝአ

پيرل

ከፈለ

تاديه كول

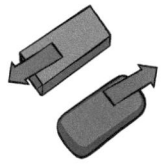

ንግዲ

سوداګـري كول

ገንዘብ

پيسې

ዶላር

ډالر

ኦይሮ

يورو

የን

ين

ሩበል

ربل

ስዊዝ ፍራንከን

سويسي فرانک

ረንሚንቢ ዩዋን

رينمينبي يوان

ሩፒየ

روپۍ

መውጽኢ ማሺን ገንዘብ

د نغدي پيسو ځای

ቦታ ቅያር ገንዘብ

د اسعارو د تبادلي دفتر

ወርቂ

سره زر

ብሩር

سپین زر

ዘይቲ

تیل

ሓይሊ

انرژي

ዋጋ

نرخ

ውዕል

قرارداد

ቀረጽ

مالیه

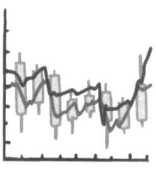

እኩብ ጥረ-ነገራት

اسهام

ሰርሐ

کار کول

ሰራሕተኛ

کارمند

ኣሰራሒ

کار ګومارونکی

ትካል

فابریکه

ዱኳን

پلورنځی

ሞያታት
مسلکونه

በዓል ፖሊስ
د پولیسو افسر
መጠፈኢ ሓዊ
د اطفایه غری
ከሻኒ
آشپز
ሓኪም
داکتر
መራሒ ነፋሪት

ሰራሕተኛ ጀርዲን

باغوان

ጸራቢ ዕንጸይቲ

نجار

ሰፋይት

خیاط

ፈራዳይ

قاضي

ቀማሚ

کیمیا پوه

ተዋሳኢ

د فلم لوبغاړی

መራሒ ኣዉቶቡስ
....
د بس ډرايور

ኣውቲስታ ታክሲ
....
د ټيکسي ډرايور

ገፋፊ ዓሳ
....
كب نيونكى

ጸራጊት
....
خدمه

ሃናጻይ ናሕሲ
....
بام جوړونکی

ኣሰላፊ
....
پیشخدمت

ሃዳናይ
....
ښکاري

ሰኣላይ
....
نقاش

እንዳ ሕብስቲ
....
نانوا

ኤለትሪክኛ
....
د برښنا کارکونکی

ሃናጺ ኣባይቲ
....
تعمیر جوړونکی

ሃንዳሲ
....
انجنیر

ሰራሕተኛ እንዳ ስጋ
....
قصاب

ድራብሊኮ
....
نلدوان

ኣማላላሲ ፖስጣ
....
پوست رسونکی

54 ሞያታት - مسلکونه

ወተሃደር

سرتیری

መሃንድስ

مهندس

ተሓዝ ገንዘብ

صراف

ሰራሕተኛ ዕምባባ

مالیار

ቀምቃማይ

نایی

ፈተሪኖ

کلینر

መካኒክ

میکانیک

መራሒ መርከብ

کپتان

ሓኪም ስኒ

د غاښونو ډاکټر

ተመራማሪ

ساینس پوه

ራቢ

ښاغلی

ኢማም

امام

ፈላሲ

مذهبي نفر

ቀሺ

پادري

ናውቲ

لوازم

ሞደሻ
ጉጤት
پلاس
ዘዋር መስኒ
پیچکش
رینچ
ላምፓዲና

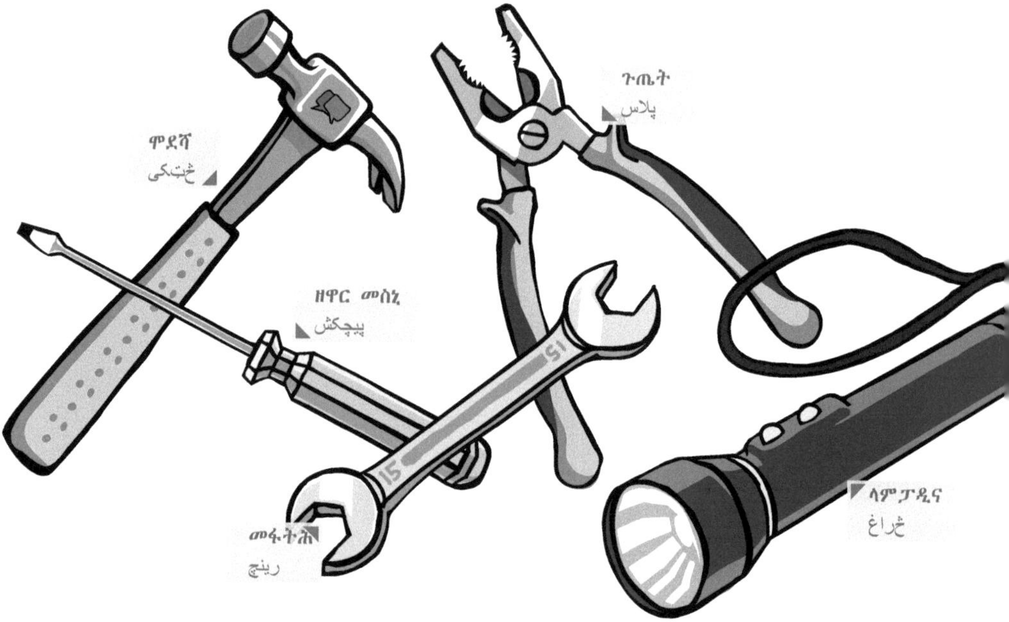

ፈሓሪ

كنستونكى

ናውቲ ቦክስ

د لوازمو بكس

መደያይቦ

زينه

መጋዝ

اره

መስማር

ميخونه

ኩዓቲ

برمه

ምዕራይ
....
ترمیم کول

ባደላ
....
بیل

አይ!
....
لعنت!

መትሓዚ ዶርና
....
خاک انداز

ድስቲ ቀለም
....
مشوانی

ካቻቢት
....
پیچونه

መሳርሒ ሙዚቃ
د میوزیک آلات

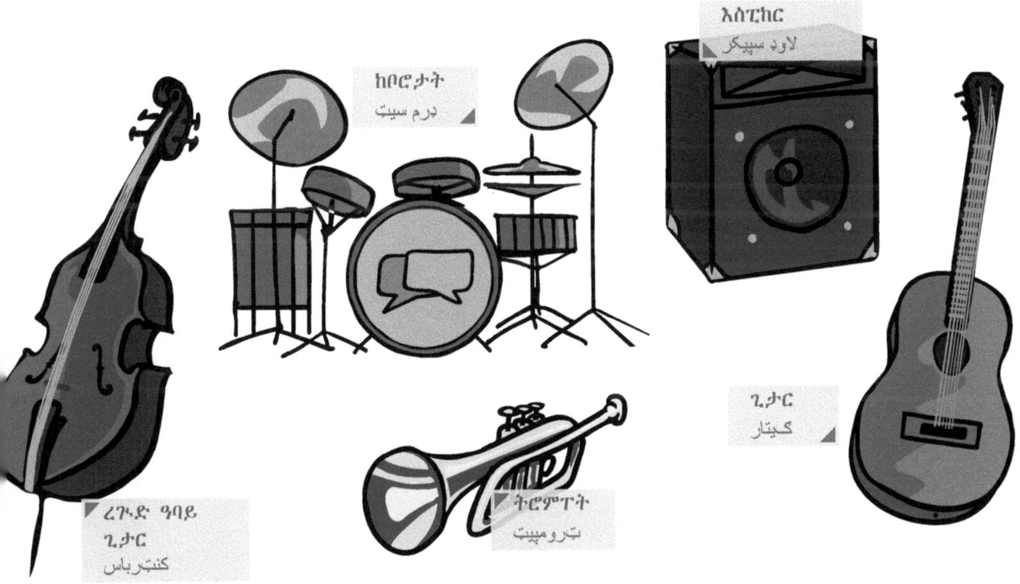

ከበሮታት
درم سیت ◄

እስፒከር
لاوډ سپیکر

ጊታር
کیتار ◄

ትሮምፔት
ترومپیت

ረጉድ ዓባይ
ጊታር
کنتریاس

ፒያኖ

پیانو

ቪዮሊን

وایلن

ባስ ጊታር

باس

ቲምንኢ

نغاره

ከበሮ

ډرمونه

ኦርጋን

کي بورډ

ሳክሶፎን

سیکسافون

ሻምብቆ

شپیلۍ

ሚክሮፎን

مایکروفون

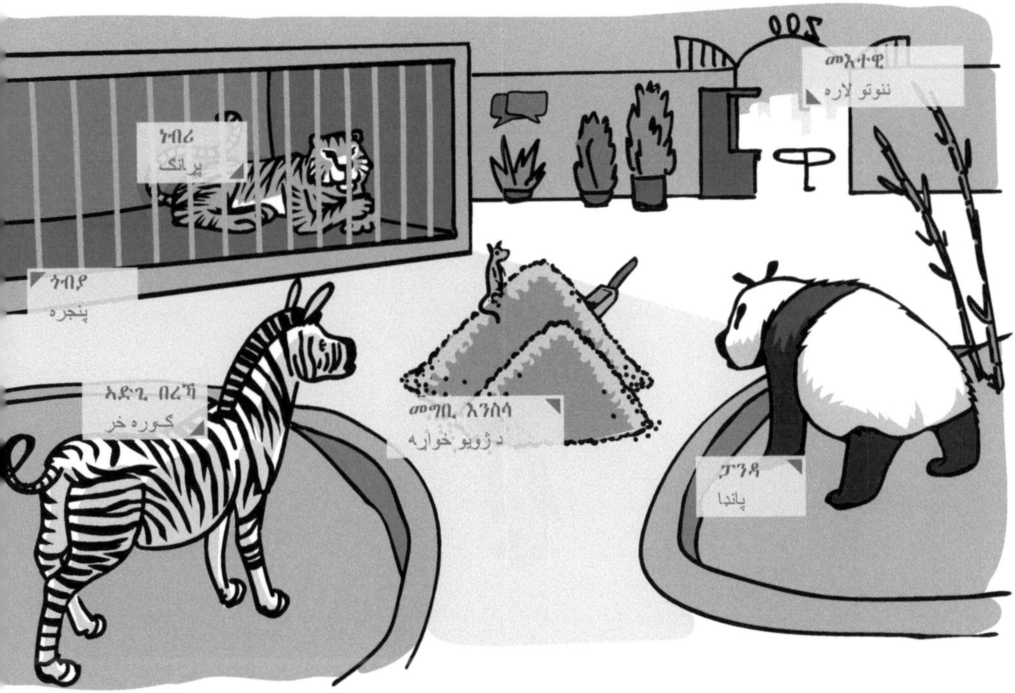

መእተዊ
ننوتو لاره
ነብሪ
پړانګ
ጎብያ
پنجره
ኣድጊ በረኻ
ګوره خر
መግቢ እንስሳ
د ژویو خواړه
ፓንዳ
پاندا

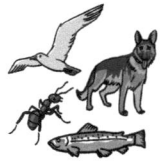

እንስሳታት

ژوی

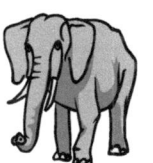

ሓርማዝ

هاتي

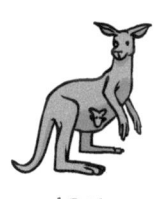

ካንጋሩ

کنګرو

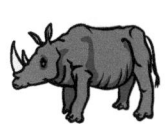

ሓሪሽ

د اوبو اسپ

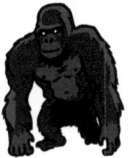

ጉሪላ

ګوریلا

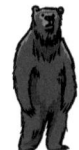

ድቢ

ایږه

ገመል

اوښ

ሰገን

شترمرغ

ኣንበሳ

زمری

ህበይ

بيزو

ፍላሚንጎ

غزی

ሕንጻይ

طوطي

ድቢ በረድ

قطبي ايږه

ፐንጉን

پينګوين

ክልቢ ዓሳ

شارک

ጣውስ

طاوس

ተመን

مار

ሓርገጽ

تمساح

ሓላዊ ቤት ገርድሽ

ژوبڼ ساتونکی

ዓሳ ዚምገብ እንስሳ ባሕሪ

سيل

ጃጓር

جګوار

ሓጺር ፈረስ

یابو

ነብሪ

پړانګ

ጉማረ

هیپو

ጂራፍ

زرافه

ሊላ

باز

መፍለስ

نرخوګ

ዓሳ

کب

ጎብየ

شمشتی

ዋልሩስ

سمندري نولی

ወኻርያ

ګیدړه

ሰስሓ

هوسۍ

ስፖርት

ورزش

ናይ ኣሜሪካ ኩዕሶ እግሪ
امریکایی فټبال
ምዝዋር ብሽግለታ
سایکل ځغلول
ተኒስ
ባስከትባል
باسکیټبال
ምሕምባስ
لامبو
ሆኪ በረድ
د کنګل هاکي
باکسینګ

ኩዕሶ እግሪ

....

فټبال

ባድሚንቶን

....

کسیزه

እስፖርታዊ ንጥፈታት

....

د ځغاستي لوبي

ኩዕሶ ኢድ

....

د هندبال

ስኪ

....

سکي

ፖሎ

....

پولو

ሰሓቐ
خندل
ټوپ وهل
غاړه ورکول
ከደ
سندري ويل
خوب لیدل
ጸለየ
عبادت کول
ሰዓመ
مچو کول

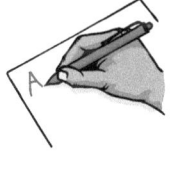

ጸሓፈ

لیکل

ሰኣለ

کښل

ኣርኣየ

ښودل

ደፍአ

ټیله کول

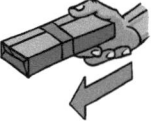

ሃበ

ورکول

ወሰደ

اخیستل

አለወ

....

درلودل

ገበረ

....

کول

ኮነ

....

پاییدل

ጠጠው በለ

....

ودریدل

ጎየየ

....

منډې وهل

ሰሓበ

....

راکښل

ሰንደወ

....

گوزارل

ወደቐ

....

لویدل

ሓሰወ

....

څملاستل

ተጸበየ

....

انتظار کول

ሰከመ

....

وړل

ኮፍ በለ

....

کښیناستل

ተኸድነ

....

پوښاک اغوستل

ደቀሰ

....

ویده کیدل

ተስአ

....

پاڅیدل

ረኣየ

....

کتل

በኸየ

....

ژړل

ብኣጻብዑ ደረዘ

....

برید کول

መሸጠ

....

ګمنځ کول

ተዛረበ

....

خبري کول

ተረድአ

....

پوهېدل

ሓተተ

....

غوښتل

ሰምዐ

....

اورېدل

ሰተየ

....

څښل

በልዐ

....

خوړل

ኣቐመጠ

....

پاکول

ኣፍቀረ

....

مینه کول

ከሸነ

....

پخلی کول

ዘወረ

....

موټر چلول

ነፈረ

....

الوتل

ብመርከብ ገየሸ

بیړۍ چلول

ደመረ

حساب

ኣንበበ

لوستل

ተመሃረ

زده کول

ሰርሐ

کار کول

መርዓወ

واده کول

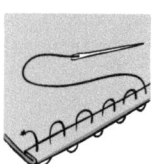

ሰፈየ

ګنډل

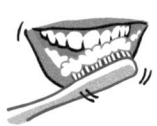

ጽሬት ኣስናን

د غاښونو برس کول

ቀተለ

وژل

ሽጋራ ተከኸ

سګرټ څښل

ሰደደ

لیږل

ዓባየ
نيا

አቦሓጎ
نيكه

አቦ
بابر

አደ
مور

ማማየ
ماشوم

ጓል
لور

ወዱ
زوى

ጋሻ
ميلمه

ሓትኖ
ترور

አኮ
كاكا/ماما

ሓው
ورور

ሓፍቲ
خور

ኣካላት

بدن

ግንባር
تندی
ገጽ
مخ
መንከስ
زنه
سینه
ኢድ
لاس
ምናት
ሸፋን እግሪ

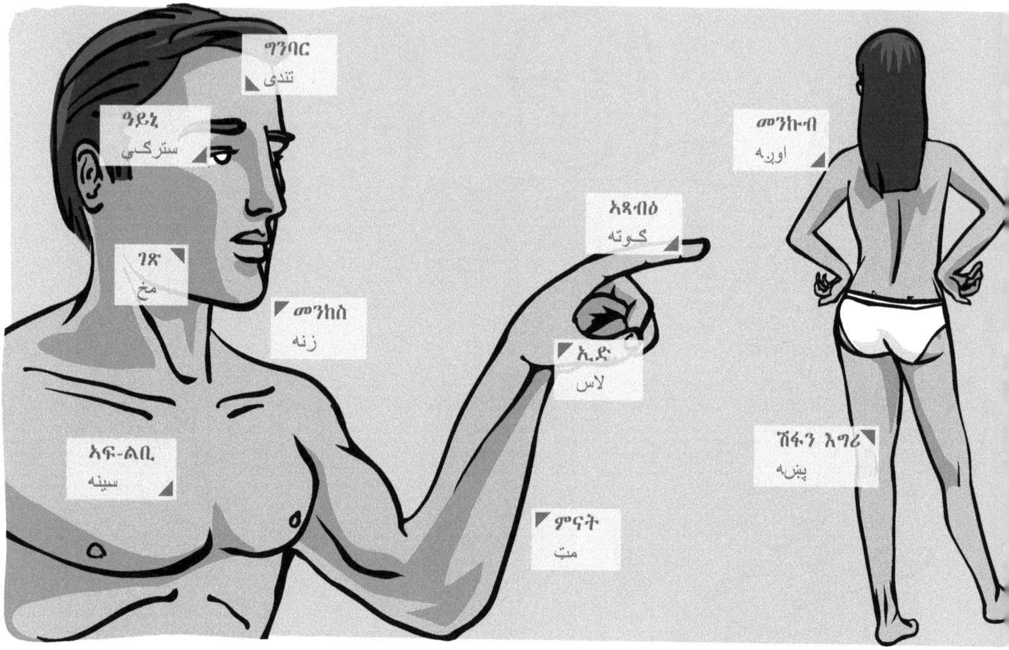

ማማይ
....
ماشوم

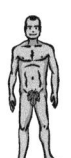

ሰብኣይ
....
سړی

ሰበይቲ
....
ښځه

ጓል
....
انجلۍ

ወዲ
....
هلک

ርእሲ
....
سر

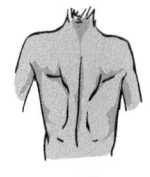

ሕቖ

شا

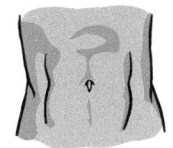

ከስዐ

خیټه

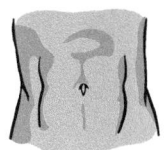

ሕምብርቲ

نوم

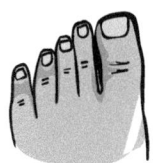

ኣጻብዕ እግሪ

د پښې ګوته

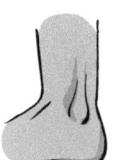

ኩርኾረ

پونده

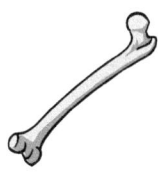

ዓጽሚ

هډوکی

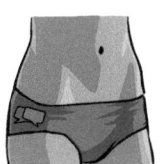

ምሕኰልቲ

کوناټی

ብርኪ

زنګون

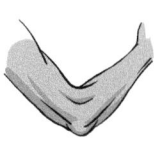

ፎግፎጐ

څنګل

ኣፍንጫ

پوزه

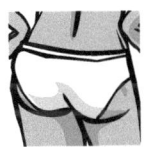

መዓኮር

لاندې برخه

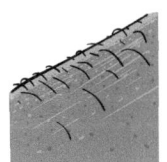

ቆርበት

پوټکی

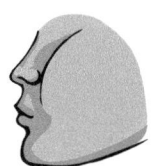

ምዕጉርቲ

غومبوری

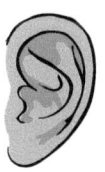

እዝኒ

غوږ

ከንፈር

شونډه

አፍ

خوله

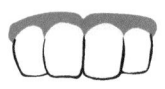

ስኒ

غابښ

መልሓስ

ژبه

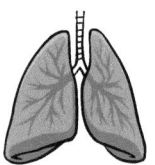

ሓንጎል

مغز

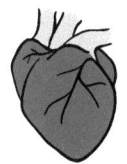

ልቢ

زړه

ጭዋዳ

عضله

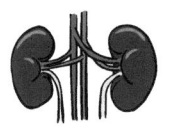

ሳንቡእ

سږی

ጸላም ከብዲ

ځیګر

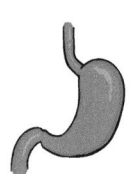

ከብዲ

معده

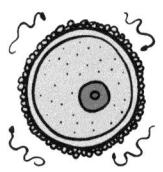

ኩሊት

پښتورګي

ግብረ ስጋ

جنسي نږدې والی

ኮንዶም

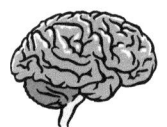

کانډوم

እንቋቝሖ

تخمه

ዘርኢ ተባዕታይ

مني

ጥንሲ

حمل

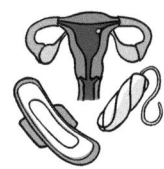

ጽግያት

....

حيض

ርሕሚ

....

مهبل

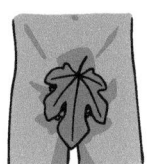

መትሎ

....

د نارينه تناسلي آله

ሸፋሽፍቲ

....

وروځی

ጸጉሪ

....

ویښته

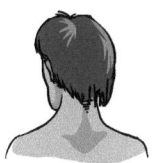

ክሳድ

....

غاړه

ሆስፒታል
روغتون

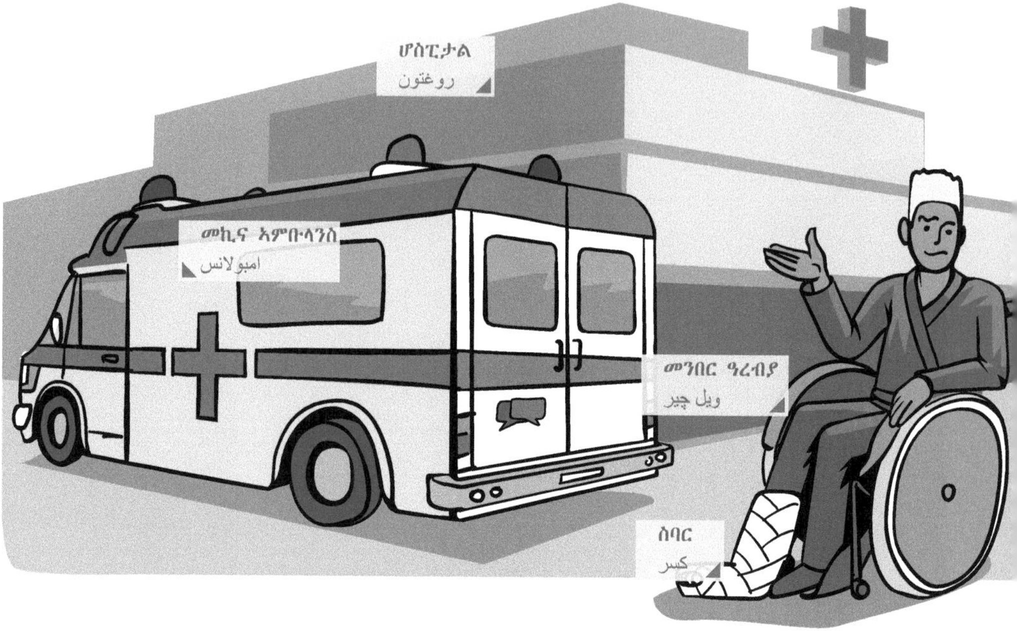

መኪና ኣምቡላንስ
امبولانس
መንበር ዓረብያ
ویل چیر
ስባር
کسر

ሓኪም
....
ډاکټر

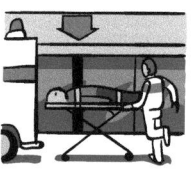

ክፍሊ ህጹጽ ረድኤት
....
عاجل خونه

ኣላይት
....
رنځورپال

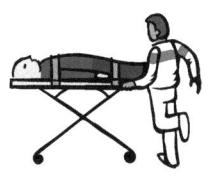

ህጹጽ ኩነት
....
عاجل

ውነኡ ዘጥፍአ
....
بې هوش

ቃንዛ
....
درد

ጉድኣት

ټپ

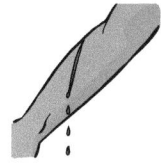

ደም

وینه تویدل

ማህረምቲ

د زړه حمله

ማህረምቲ

ضرب

ኣለርጂ

حساسیت

ሰዓል

ټوخی

ረስኒ

تبه

ኡንፍልወንዛ

انفلوینزا

ውጽኣት

نس ناستی

ቃንዛ ርእሲ

سر درد

መንሽሮ

سرطان

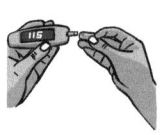

ሹኮርያ

شکر

ሓኪም መጥባሕቲ

جراح

መጥብሒ

سکالپل

መጥባሕቲ

عملیات

CT

سي‌ټي

ራጂ

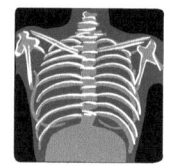

ایکس رې

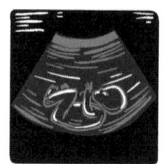

ልዕለ ድምጻዊ

الټراساونډ

መሸፈኒ ገጽ

د مخ ماسک

ሕማም

ناروغي

ክፍሊ ምጽባይ

انتظار خونه

ምርኩስ

امسآ

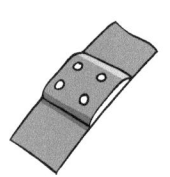

መጀነኒ ቑስሊ

پلستر

መጀነኒ

بنداژ

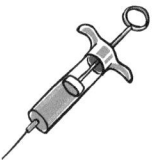

መርፍዕ ምውጋእ

تزریق

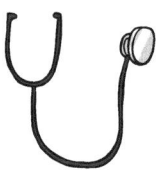

ስተቶስኮፕ

ستاتسکوپ

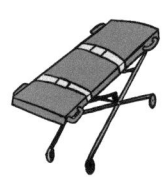

መሰከሚ ሕማም

تسکیره

ቴርሞመተር

کلینکي ترمامیټر

ትውልዲ

زیږون

ልዕለ-ሚዛን

زیات وزن

ሓገዝ ምስማዕ

د اوریدو مرسته

ኣንጻሂ

د عفونیت څخه پاکونکي مواد

ልበዳ

عفونیت

ቫይረስ

ویروس

ኤድስ

ایچ.آی.وي/ایډز

ሕክምና

درمل

ክታበ

واکسین

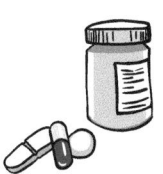

ከኒና

ټابلیټس

ከኒና

ګولۍ

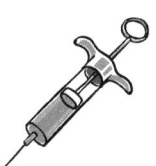

ህጹጽ ምድዋል

عاجل تلیفون

መዐቀኒ ጸቕጢ ደም

د وینې د فشار څارونکی

ሕሙም / ጥዑይ

ناروغ/روغ

ህጹጽ ኩነት

عاجل

ሓገዝ

مرسته!

ኣላርም

الارم

ምህጃም

یرغل

መጥቃዕቲ

برید

ድንገት

خطر

ህጹጽ መውጽኢ

عاجل لاره

ሓዊ!

اور!

መጥፍኢ ሓዊ

د اور وژونکی

ሓደጋ

پېښه

ሳንጣ ቀዳማይ ረድኤት

د لومړۍ مرستې لوازم

SOS

ایس.او.ایس

ፖሊስ

پولیس

ኤውሮጳ

اروپا

ሰሜን ኣመሪካ

شمالي امريكا

ደቡብ ኣመሪካ

سهيلي امريكا

ኣፍሪቃ

افريقا

ኤስያ

آسيا

ኣውስትራሊያ

آسټريليا

ኣትላንቲክ

اتلانتيک

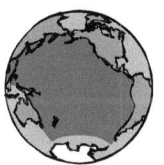

ፓሲፊክ

پاسيفيک

ህንዳዊ ውቅያኖስ

د هند بحر

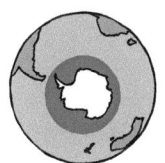

ኣንታርቲካዊ ውቅያኖስ

جنوبي منجمد بحر

ኣርክቲካዊ ውቅያኖስ

د شمال قطب بحر

ሰሜናዊ ዋልታ

شمالي قطب

ደቡባዊ ዋልታ

سهيلي قطب

ኣንታርቲካ

انټارکټيکا

ምድሪ

ځمکه

መሬት

ځمکه

ባሕሪ

بحر

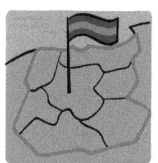

ደሴት

ټاپو

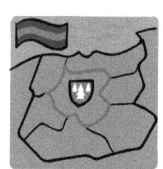

ሃገር

ملت

ዓዲ

دولت

ሰዓት
ساعت

ገጽ ሰዓት
....
د مخې ساعت

ኣመልካቲ ሰዓታት
....
د ساعت ستنه

ኣመልካቲ ደቓይቕ
....
د دقيقې ستنه

ኣመልካቲ ካልኢት
....
د ثانيې ستنه

ሰዓት ክንደይ ኣሎ?
....
څه وخت دی؟

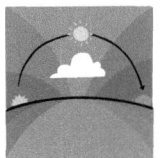

መዓልቲ
....
ورځ

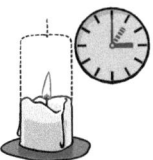

ግዜ
....
وخت

ሕጂ
....
اوس

ዲጂታል ሰዓት
....
ډيجيټل ساعت

ደቒቕ
....
دقيقه

ሰዓት
....
ساعت

ሰሙን
اونۍ

MO
TU
W
TH
FR
SA
SO
ሰኑይ
دوشنبه
ሰሉስ
سه شنبه
ረቡዕ
چهارشنبه
ሓሙስ
پنجشنبه
ዓርቢ
جمعه
ቀዳም
شنبه
ሰንበት
يکشنبه

TUE
MON
21

ትማሊ
....
پرون

TUE
2

ሎሚ
....
نن

TUE
3

ጽባሕ
....
سبا

ንጉሆ
....
سهار

ቀትሪ
....
غرمه

ምሸት
....
ماښام

MO TU WE TH FR SA SU
1 2 3 4 5 6 7
8 9 10 11 12 13 14
15 16 17 18 19 20 21
22 23 24 25 26 27 28
29 30 31 1 2 3 4

መዓልታት ስራሕ
....
کاري ورځې

MO TU WE TH FR SA SU
1 2 3 4 5 6 7
8 9 10 11 12 13 14
15 16 17 18 19 20 21
22 23 24 25 26 27 28
29 30 31 1 2 3 4

መወዳእታ ሰሙን
....
د اونۍ پای

ዝናብ
باران
ቀስተ-ደመና
رنگین کمان
በረድ
واوره
ንፋስ
باد
ጽድያ
پسرلی
ሓጋይ
اوړی
ቀውዒ
منی
ክረምቲ
ژمی

ትንቢት ኩነታት ኣየር

د موسم وړاندوینه

ቴርሞመተር

ترموميټر

ብርሃን ጸሓይ

د لمر وړانګې

ደበና

وريځ

ግመ

لړه

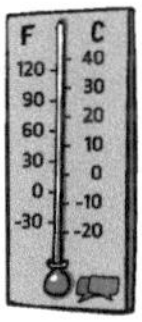

ጠሊ

رطوبت

ብርቂ

....

رڼا

ነጐዳ

....

تندر

ህቦብላ

....

توفان

በረድ

....

ږلۍ وريدل

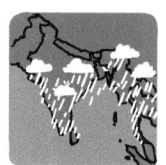

ብርቱዕ ህቦብላ

....

مون سون باران

ውሕጅ

....

سيلاب

በረድ

....

يخ

ጥሪ

....

جنوري

ለካቲት

....

فبروري

መጋቢት

....

مارچ

ሚያዝያ

....

اپرېل

ጉንበት

....

مې

ሰነ

....

جون

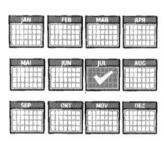

ሓምለ

....

جولای

ነሓሰ

....

اګست

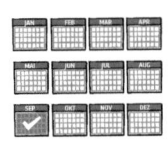

መስከረም

....

سپتمبر

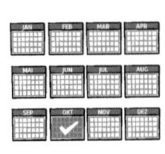

ጥቅምቲ

....

اکتوبر

ሕዳር

....

نومبر

ታሕሳስ

....

دسمبر

ቅርጽታት

شکلونه

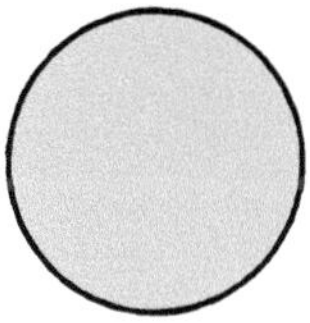

ዙርያ

....

دایره

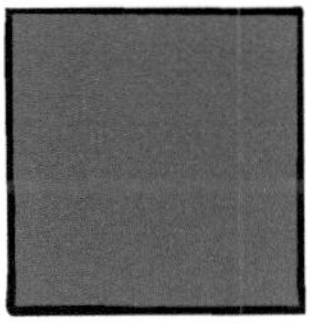

ትርብዒት

....

مربع

ቅኑዕ ርቡዕ ኩርናዕ

....

مستطیل

ስሉስ ኩርናዕ

....

مثلث

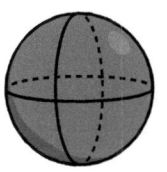

ክቢ

....

توپ

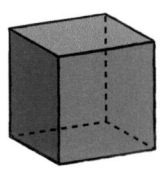

ኩቦ

....

فال

ሕብርታት

رنګونه

ጻዕዳ

....

سپین

ብጫ

....

ژیړ

ኣራንሺ

....

نارنجي

ፒንክ

....

ګلابي

ቀይሕ

....

سور

ጁኽ

....

ارغواني

ሰማያዊ

....

نیلي

ቀጠልያ

....

شین

ቡናዊ

....

نسواري

ሓሙኹሽታይ

....

خړ

ጻሊም

....

تور

ብዙሕ / ውሑድ

....

خورا ډیر/خورا لږ

ሕሩቕ / ሰላማዊ

....

قار/ارام

ጽቡቕ / ክፉእ

....

ښکلی/بدشکله

መጀመርያ / መወዳእታ

....

پیل/پای

ዓቢ / ንእሽቶ

....

لوی/کوچنی

ብሩህ / ጸልማት

....

روښانه/تیاره

ሓው / ሓፍት

....

ورور/خور

ጽሩይ / ርሳሕ

....

پاک/ککړ

ምሉእ / ዘይምሉእ

....

مکمل/نامکمل

መዓልቲ / ለይቲ

....

ورځ/شپه

ሙዉት / ህልው

....

مړ/ژوندی

ሰፊሕ / ጸቢብ

....

پراخه/نری

ደስ ዘበል / ደስ ዘይብል

....

د خوراک وړ/نه خوړل کیدونکی

እኩይ / ህያዋይ

....

بد/مهربان

ርቡጽ / ስልኩይ

....

پاریدلی/بې خونده

ረጊድ / ቀጢን

....

چاق/وچ

ቀዳማይ / ናይ መወዳእታ

....

لومړی/وروستی

ዓርኪ / ጸላኢ

....

ملګری/دښمن

ምሉእ / ባዶ

....

ډک/تش

ተሪር / ልስሉስ

....

سخت/نرم

ከቢድ / ፈኩስ

....

درووند/سپک

ጥምየት / ጽምየት

....

لوږه/تنده

ሕሙም / ጥዑይ

....

ناروغ/روغ

ዘይሕጋዊ / ሕጋዊ

....

غیرقانوني/قانوني

መስተውዓሊ / ስዲ

....

هوښیار/ساده

ጸጋም / የማን

....

کیڼ/ښي

ቐረባ / ርሑቕ

....

نږدې/لرې

ሓዲሽ / ብሉይ

....

نوی/زوړ

ዋላ ሓደ / ገለ

....

هيڅ/يو څه

ዓቢ/ኣረጊት / መንእሰይ

....

بډا/ځوان

ወልዕ / ኣጥፍእ

....

چالان/بند

ክፉት / ዕጹው

....

خلاصد/تړلی

ህዱእ / ዓው

....

غلی/لوړ غږ

ሃብታም / ድኻ

....

بډایه/غریب

ቅኑዕ / ግጉይ

....

صحيد/غلط

ሓርፋፍ / ልሙጽ

....

زیږ/ملايم

ጉሁይ / ሕጉስ

....

خفه/خوښ

ሓጺር / ነዊሕ

....

لنډ/اوږد

ቀስ / ቅልጡፍ

....

سست/ګړندی

ጥሉል / ንቑጽ

....

لوند/وچ

ምዉቕ / ዝሑል

....

ګرم/يخ

ውግእ / ሰላም

....

جګړه/سوله

ቁጽርታት

شمیرې

0	1	2
ዜሮ	ሓደ	ክልተ
صفر	یو	دوه
3	4	5
ሰለስተ	ኣርባዕተ	ሓሙሽተ
دري	څلور	پنځه
6	7	8
ሽዱሽተ	ሸውዓተ	ሸሞንተ
شپږ	اوه	اته
9	10	11
ትሽዓተ	ዓሰርተ	ዓሰርተ ሓደ
نهه	لس	یولس

12

ዓሰርተ ክልተ

دولس

13

ዓሰርተ ሰለስተ

دیارلس

14

ዓሰርተ ኣርባዕተ

ڠوارلس

15

ዓሰርተ ሓሙሽተ

پنځلس

16

ዓሰርተ ሽዱሽተ

شپاړس

17

ዓሰርተ ሸውዓተ

وولس

18

ዓሰርተ ሸሞንተ

اتلس

19

ዓሰርተ ትሽዓተ

نولس

20

ዕስራ

شل

100

ሚእቲ

سل

1.000

ሽሕ

زر

1.000.000

ሚልዮን

میلیون

ቋንቋታት

ژبې

እንግሊዝኛ

انګلسي

ኣመሪካዊ እንግሊዛዊ

امریکایی انګلسي

ቻይናዊ ማንዳሪን

چینایی مندرین

ሂንዳዊ

هندي

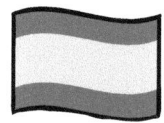

እስጳኛዊ

هسپانوي

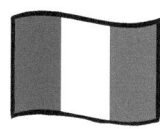

ፈረንሳዊ

فرانسوي

ዓረባዊ

عربي

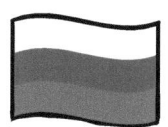

ሩሲያዊ

روسي

ፖርቱጋላዊ

پرتګالي

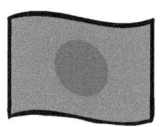

በንጋሊ

بنګالي

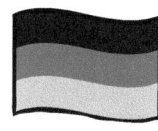

ጀርመናዊ

آلماني

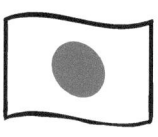

ጃፓናዊ

جاپاني

ኣነ

زه

ንስኻ/ኺ

ته

ንሱ / ንሳ / ንሱ

هغه/دغه/دا

ንሕና

مونږ

ንስኻ

تاسي

ንሳቶም

دوی/هغوی

መን?

څوک؟

እንታይ?

څه؟

ከመይ?

څنګه؟

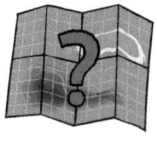

ኣበይ?

چیری؟

መዓስ?

کله؟

ሽም

نوم

ኣበይ

چیرې

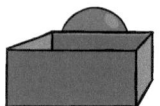

ድሕሪ

شاته

ኣብ

په

ኣብ ቅድሚ

په مخه کې

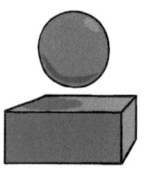

ኣብ ላዕሊ

باندې

ኣብ ልዕሊ

په

ትሕቲ ምድሪ

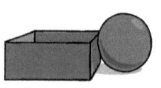

لاندې

ኣብ ጥቓ

برسیره پر

ኣብ መንጎ

ترمینځ

ቦታ

ځای